문학과지성 시인선 405

나를 울렸다

이윤학 시집

문학과지성사

문학과지성사에서 펴낸 이윤학의 시집

먼지의 집(1992)
붉은 열매를 가진 적이 있다(1995)
아픈 곳에 자꾸 손이 간다(2000)
꽃 막대기와 꽃뱀과 소녀와(2003)
그림자를 마신다(2005)
너는 어디에도 없고 언제나 있다(2008)

문학과지성 시인선 405
나를 울렸다

펴 낸 날 2011년 12월 14일

지 은 이 이윤학
펴 낸 이 홍정선
펴 낸 곳 ㈜문학과지성사

등록번호 제10-918호(1993. 12. 16)
주   소 121-840 서울 마포구 서교동 395-2
전   화 02)338-7224
팩   스 02)323-4180(편집)   02)338-7221(영업)
전자우편 moonji@moonji.com
홈페이지 www.moonji.com

ⓒ 이윤학, 2011. Printed in Seoul, Korea

ISBN 978-89-320-2262-8

* 이 책의 판권은 지은이와 ㈜문학과지성사에 있습니다.
  양측의 서면 동의 없는 무단 전재 및 복제를 금합니다.

문학과지성 시인선 405
나를 울렸다

이윤학

2011

그 일이 지나갔다.
나는 이제 美에게 절을 할 줄 안다.
──아르튀르 랭보

시인의 말

눈보라가 에델바이스를 피울 계절이니
접이식 침대 옆 간이 책꽂이 원고를 추려
시집을 묶는다. 그대와 내가 찍힌 사진 속
질투의 대상이 된 나에게 잘살라는 말 전한다.
이제는 산정이 보이는 창문을 얻어 떠나야 한다.

그대여, 어디로든 가거라.
반벙어리에서 벙어리가 된
시절의 울먹임도 데려가거라.

눈보라 저편에 반달이 뜨면
그대를 찾아 산길을 오르리라.

2011년 12월
연희문학창작촌에서
이윤학

나를 울렸다

차례

시인의 말

제1부
메타세쿼이아 11
보리수 12
석류 14
퇴촌 15
마른풀 16
나를 울렸다 18
아날로그 캠코더 20
봄빛 22
술패랭이꽃 23
바람의 그림자 24
푸른 자전거 25
7번 국도변 26
고니 28
사루비아 29

제2부
농부 33

하모니카　34
낮잠　36
여름밤이여, 옥상을 봐라　38
그날의 민들레꽃　40
남당리 소녀　42
싸락눈　44
돌아온 나룻배 한 척　45
향연사 1　46
거미줄을 쳐 나간다　48
퇴촌에서　49
폭염　50
동부　51

제3부

하루의 길이　55
거리　56
여름의 흐름 1　57
여름의 흐름 2　58
슬로모션　60
욕탕에서　62
가을에 지일에 갔다 1　64
가을에 지일에 갔다 2　65
가을에 지일에 갔다 3　66
거울에 낀 김　67
가을에 지일에 갔다 4　68

가을에 지일에 갔다 5 70
물 높이로 떠 있는 72

제4부

연둣빛 스커트 75
모산도 76
노간주 77
향연사 2 78
향연사 3 79
젖무덤 80
낮달을 보러 갔다 81
구덩이 82
명자꽃 83
오이꽃버섯 84
원룸 86
겨울 무화과 88
꼰끌라베 90
내가 당신 곁을 떠도는 영혼이었듯이 91
꽃밭을 떠도는 세탁커버가 들려준 말 94
씨앗을 보이는 열매 96
에델바이스 98

해설 | 가정법의 풍경들 · 이광호 99

제1부

메타세쿼이아

너와 나의 창문 밖으로
끝이 없는 메타세쿼이아
가로수길이 펼쳐져 있으면

메타세쿼이아 가지에선 봄마다
부드러운 연둣빛 잎이 둥지 속
갓 태어난 새털처럼 돋아나
무수히 날개를 달고 날아갔으면

미래가 없는 곳으로도 날아갔으면
피라미드가 커서 피라미드가 커서
이 세상과는 상관없이 살아갔으면

보리수

그대의 무덤 옆에는 아니고, 그대의 무덤 앞
한 층계 아래 보리수를 심은 이유를 묻는다면
이렇게 될 줄은 몰랐다고 말하지 않으리라

그대가 나에게 전해준 웃음을 떠올리고
꽃이 피었을 때 한 번, 열매가 익었을 때
한 번 찾아오리라

네 개씩 날개를 달고 뭉쳐 핀 꽃
그대가 웃을 때
쪼그만 치아 같다고,
깨끗한 피 수혈한 열매,
그대가 웃을 때 잇몸 같다고,
속으로 웃음을 전해주리라

그대가 남긴 유일한 연인이 되어
보리수 꽃과 열매가 모두
웃음에 닿도록 하리라

그늘이 될 만한 나뭇가지를 쳐내고
둘레의 억새풀을 뜯어내고
보리수가지 넓이로 쌓아놓은
돌담을 넓혀가리라

석류

올해도 열리지 않은 석류를 상상했지요
아주 오래전에 심은 것 같으나
몇 년 지나지 않은 석류나무 주위를 맴돌았지요

어느 해 봄날에
그대와 내가 심어놓은 석류나무
꽃 필 무렵엔 오지 못하고
열매 익을 무렵에 찾아와 주위를 맴돌았지요

콩새가 지저귀던 석류나무가지
내가 다가가자 콩새는 날아가고
벌어진 석류 안에
콩새가 지저귀던 소리
담겼으리라 믿었지요

퇴촌*

미래가 과거가 되는 곳이 있다지요

먼 강가에 앉아 인디언 음악을 들었지요
배 위로만 울림이 올라왔지요
물풀의 띠가 강을 덮어갔지요

이제는 내 말에 귀 기울일 수밖에……
이제는 내 말을 따라 움직일 수밖에……

날개 밑에 석양의 강물을 축이고
나머지 강물을 걷어차고
날아오르는 오리 떼에게도

지난 일들 모두가
전생의 기억이 될 때가 있겠지요

* 경기도 광주시 퇴촌.

마른풀

죽은 개를 트렁크에 싣고
겨울 들판에 나가보았다

고구마를 캐낸 밭두둑 위에 잔설이
고운체로 쳐낸 떡고물을 길쭉하게 뿌려
올려놓은 풍경, 오래 묶인 것들은
풀린 줄도 모르고, 기가 죽어 곁눈질로
자신과 상관없는 풍경을 훑는다

눈이 시뻘겋게 되어,
자신도 어쩌지 못하면서
어떤 사람의 광신도가 되어간다

하루 한 동이 물을
혀로 까불러
깨진 독에 처넣던
개는 짖지 않았다

방문 앞에 단독으로
턱을 붙이고 누워 있었다
마루 밑 타일에 떨어진 햇볕을
희멀건 눈으로 포착하고 있었다

짚 투매를 빼 들고 여기저기
들불을 옮겨 붙이는 사람들
들불 연기가 허공을 벌리고
어디론가 쓸려가는 겨울 들판,
불길은 마른풀을 태우고
마른풀에 옮겨 붙었다

나를 울렸다

철근막대기로 꾹 찔러 넣은 것처럼
마루 밑구멍들이 끈끈이로 막혔다
오랜 시간 벽을 타고 흘러내린
끈끈이 액이 타일 바닥을 덮었다

쥐구멍 앞에 놔둔 끈끈이가
어디로 사라졌나 했더니
쥐구멍들을 쑤셔 막고 있었다

제법 덩치가 큰 쥐였으리라
사료 한 알 주워 먹으려다 그만,
끈끈이와 한몸이 되었으리라

끈끈이를 뒤집어쓰고
데굴데굴 굴렀으리라
구멍 앞까지 굴렀으리라
구멍 속으로 기어들었으리라

털이 뽑히고 가죽이 늘어나
몸이 헐렁해질 때까지
울음소리 새어 나가지 못하도록
끈끈이로 구멍을 틀어막았으리라

자신의 구멍으로 사라진 쥐들을 떠올렸다
다시는 그 구멍으로 나오지 않은
쥐들의 눈빛을 떠올렸다

어디론가 맞구멍을 뚫고 나갔을
끔찍한 쥐들의 기억을 더듬었다

아날로그 캠코더

계절이 스물두 번 뒤바뀌는 동안,
태양의 흑점 속에서
두 사람이 미쳐가고 있었다는 것
그 소문을 두 사람만 모르고 있었다는 것

트럭에 실려 가는 이 층 컨테이너에는
무늬가 된 담쟁이와 녹이 슨 위성안테나
이리저리 굴러다니는 새까만 볼펜마다에
돋아나는 이빨 자국들!

신혼집에 들끓던 바퀴벌레와
TV에서 나오던 도올(檮杌)의 목소리
손깍지를 끼우고
우리는, 그 여름내 어디로 갔던가

내 양쪽 가슴을 두드리는
너의 조막손,
너는 나의 팔뚝을 긁어댔었지, 우리는

저 하늘의 사막에 커튼을 치고
서로의 흉터를 부둥켜안았지

봄빛

카펫과 이불과 방석을 털던 여자
고개를 돌리고 인상을 쓰던 여자
겨우내 보이지 않았다

몇 송이 안 남은
앞뜰의 목련 꽃들
꽃잎이 몇 장밖에 안 남은
앞뜰의 목련 꽃들

한 송이 꽃은 꽃잎이
몇 개부터 한 송이 꽃인가

아침나절,
카펫과 이불과 방석을 두드리던 빨래방망이
대리석 난간 위에 올라 갈라지고 틀어진다

갈라진 벽을 퍽퍽 쳐대던 빨래방망이
꽃잎이 모으고 있던 봄빛들이
거기로도 들어가 박힌다

술패랭이꽃

네 개의 꽃잎들은
어쨌든
아슴한 부채를 펼쳐 들고
양지를 찬양하는 것이었다

한평생 놀아버리자

이번 생은
아주 제껴버리자

아빠, 저기로도 가보자

아직도 어린 딸내미가
그의 소매를 잡아채 이끄는 것이었다

바람의 그림자

　아스팔트 포장을 치던 인부들이 밥 먹으러 떠나고 가슴 높이 담벼락에서 시작된 이끼가 최소한의 영역만을 남겨놓고 새까맣다

　어느 소수민족 망명정부 청사 같은 허름한 양옥—계단이 서너 개쯤 되는 스물 몇 평 지하실이 있을 것만 같은 것이다 냉기와 곰팡이 핀 시멘트 벽——말려 떨어지는 흰 페인트가 있고 습기가 올라오는 갈라진 바닥엔 까진 담배꽁초와 두루마리 휴지들이 흐무러져 있으리라

　통신기기들이 깜박거리고 있으리라 소규모 나팔형(喇叭形) 라일락꽃들이 지하의 급박한 음성들을 지상의 지독한 향기로 바꿔 방출하고 있으리라

　라일락 세번째 가지에 앉은 콩새가 털을 고르다가 주변을 두루 살핀다 부리에 뚫린 구멍 코로 무슨 냄새인가가 사라진다

　담벼락을 왕래하는 남자의 발자국이 뜨거운 늪을 건너왔던가

　바람의 그림자가 가는 김을 피우며 식어간다

푸른 자전거

어둠이 내릴 때 나는
저 커브 길을 펼 수도
구부릴 수도 있었지
저 커브 길 끝에
당신을 담을 수도 있었지
커브 길을 들어 올릴 수도
낭떠러지로 떨어뜨릴 수도 있었지
당신이 내게 오는 길이
저 커브 길밖에 없었을 때
나는 어디로도 가지 못했지
커브 길 밖에서는 언제나
푸른 자전거 벨이 울렸지

7번 국도변

검정 모자를 눌러쓴 눈 나쁜 아비와
늦둥이 딸아이가 캥거루가 되어
자전거를 타고 지나간다
왼손을 내밀어 코스모스를 훑는 딸아이와
홀아비 냄새를 뒤로 피우는 아비가
자전거를 타고 지나간다
7번 국도변을 역주행으로 지나간다
영재유치원 가방이 핸들에 걸려 지나간다
체인 집 긁는 소리가 규칙적으로 지나간다
신문지에 말아 싼 제수용 북어포가
짐칸 고무 바에 묶여 지나간다
창문을 연 시외버스가
커튼을 쳐 매고 지나간다
아비의 가발과 모자가 날아간다
아비는 자전거를 멈추고
받침대를 세워 올린다
허옇게 드러난 아비의 대머리
놀란 딸아이가 몸을 틀어

허둥대는 아비를 바라본다
속내를 다 드러낸 코스모스가
끊임없이 피어 있는 7번 국도변
가발을 씌워주는 딸아이와
부끄러운 아비가 마냥 웃고 있는 7번 국도변

고니

　보드라운 흙염에 발 담그고 발가락들 꼼지락거리면 그지없는 너의 목소리, 보드라운 너의 목소리, 껑충껑충 허공의 스프링에 앉아 그냥 뛰어오를 수 있었다.
　오랫동안 눈꺼풀은 잠겨 있었다. 어느 접는 셔터보다도 길쭉했었다. 누구의 목소리로도 들리지 않았다. 천 년 동안 물결이 밀려갔고 천 년 동안 물결이 밀려왔다. 네 부리에 맺힌다는 다이아몬드를 기다리지 말았어야 했었다.
　기필코 너는 한쪽 다리를 접어 들었다. 한쪽 다리를 접어 누군가에게 돌아간 뒤였다. 세상의 모든 투명을 한몸에 거두어들인 뒤였다. 눈을 뜨면, 그 공포에 찬 투명은 사라졌다.
　가는 다리 하나 들고 호수와 한몸이 되는 시간, 지금은 가는 다리가 말뚝이 되어도 좋을 시간……
　너는 내 존재를 지워버렸다. 그러고는 바닥으로 흘러들어갔었다. 나는 어딜 가나 미끄러운 운명을 만났다.
　긴 호스에 집게를 들고 물속을 기웃거리는 동안, 나는 순간을 영원으로 바꾸어놓을 수 있었다.

사루비아

네가 사준 여름
실크이불을 덮고 자니
가을 갓길 변에서 쉰
사루비아 꽃봉오리들
사각거림이 들려왔다

네 꿈속에서도
어렴풋이
그런 숨소리가 들려왔다

마취에서 깨어난 너구리
가죽이 통째로 벗겨진 제
시뻘건 몸을 확인했다

제2부

농부

초등학교 졸업 후
그는 줄곧 농부였다
폐암에 걸린 지금도
그는 농부로 살아간다
스무 날이 남았다고도 한다
이제 열흘이 남았다고도 한다
그보다 더 안 남았다고도 한다
누군가 수군거리는 소리를 듣지 않는다
그는 지금도 농부여서
모자를 쓰고 토시를 낀다
장화를 신고 여름 담배 밭에 들어가
담뱃잎을 따 리어카에 싣는다 그는
새카맣게 말랐지만 안마당까지
리어카를 끌어다 놓을 힘은 남았다
그는 마루에 드러누웠다 일어나
안마당에 전깃불을 밝힐 것이다
담뱃잎을 엮어 비닐하우스에 널 것이다

하모니카
―어느 젊은 농부의 노래

담뱃잎이 노랗게 익어가는
달 밝은 밤에 하모니카를 불어라

풋감이 단감이 되기까지
젖먹이 소가 중소가 되기까지

이열종대 젖을 빠는 강아지들
눈을 뜨고
강아지풀 고개 숙여 절을 하는
오솔길을 휘젓고 다닐 때까지

하모니카를 불어라
썩은 가지 늘어진 호두나무 그림자
길모퉁이 우물 앞에 다다를 때까지

우물에 닿아 이끼가 끼는 개복숭아가지
개복숭아 벌어져 씨앗을 드러낼 때까지

살아만 있으소 살아만 있으소 오모니!

담뱃잎이 노랗게 익어가는
달 밝은 밤에 하모니카를 불어라

낮잠

꺼칠한 입술에 침을 바른 뒤 여자는
한참을 망설이다 혼잣말을 한다

—저이는 전생에도 참 고단했을 거예요

마루기둥에 기대어 잠이 든 그이를 보고
전생에도 보살이었을 법한 여자가 웃는다
파리들도 마음 놓고 그이의 얼굴과 팔과 다리를
천천히 기어 다닌다

파리를 쫓는 여자의 손이 얼마나 가벼운지
웃음은 얼마나 먼 곳까지 따라와 싱거운지
그이의 몸은 축 늘어져 마룻바닥으로 흘러만 내린다
그이의 혀는 목젖으로 뭔가를 계속 밀어 넣는다
그이의 결후(結喉)는 쉼 없이 오르내린다

곧잘 앉은 자리에서 잠이 드는 그이
잠 속 어딘가에 꼭꼭 숨겨둔
에너지 충전 알약 몇 개

꺼내 먹으러 갔다 오는지

충혈된 눈을 뜨고 주위를 둘러본다
햇볕이 빠져나간 마룻바닥을 짚고
간신히 일어난다

언제 잠들었는지 모르겠어서
언제 또 잠들지 모르겠어서
벗어놓은 등산화를 발에 꿰다 말고
마룻바닥에 앉아 담배를 피운다

천마산*이 눈에 들어와
얇게 압축되어 빛난다

누군가 그이의 몸속에서
아직도 금광(金鑛) 갱도를 파나간다

* 충청남도 서해안에 있는 산.

여름밤이여, 옥상을 봐라

양옥 옥상에 다리 포개고 앉은 어머니
아래사랑채 지붕 위로 오른
측백나무 벼슬을 바라보신다.

때 낀 손톱으로 옥수수 알을 떼어내
입 안에 털어 넣는 어머니의 눈시울
붉은 페인트칠 달빛이 들어앉는다.

새벽에 일어나 돌아다니다 보면
아침 먹을 때가 되고
들일 나갔다 들어와 점심 챙겨 먹고
낮잠 한숨 자고
담뱃잎 따다 엮어 하우스에 널면
금방 저녁 먹을 때가 되지.

마루에 전깃불 밝히면
언제 들어왔는지
제비 한 쌍이 똥 바침대 대못에 앉아

저녁 먹는 걸 구경하지 뭐냐.

저 낭구*들은 다 지켜봤을 겨.
별것 있남. 금방 지나가는 겨.
저녁 먹으면 텔레비 틀어놓고
다리 뻗고 잠들어야 하는 겨.
어제가 모두 전생 같은 것이여.

* 나무의 충청남도 사투리.

그날의 민들레꽃

영안실에 들어가지 못하고 웃음이 멎기만을 기다렸다
화단으로 돌아서서 담배를 피워 물었다

민들레, 민들레, 민들레
노란 꽃판을 바라보았다

쩌개진 빨래방망이를 들고 쫓아오는 마누라를 피해
들입다 뛰는 노름꾼을 보았다
그를 따르는 살이 찐 어미 발바리를 보았다
마누라 뒤를 따르는 새끼 발바리들을 보았다

밥 먹다 말고 마당가에 나와
손뼉을 치는 새끼들을 보았다

저녁연기,
물오른 밤나무동산을 감고 있는 걸 보았다
얇은 판자때기 선반을 두르고 있는 걸 보았다

풀숲에 퍼질러 앉아
가랑이 사이에 고개 숙인 사람
담뱃불을 이어 붙이던 사람

민들레, 민들레, 민들레, 뿌리를 씻어
오지게 씹어 먹는 간암말기환자를 보았다

남당리 소녀

노을——기억은 죽지 않고 어디에서 숙박하는가
밀물 드는 뱃머리에 기대어 사진 찍는 아저씨 아줌마도
평생의 취기로 울먹이는 웃음을 띄운다

하늘아, 너도 바다를 보러 왔지?
전어 굽는 냄새가 안면도 수평선 너머까지
연기를 피운다

맨발로 모래바닥을 걸어간다
남당리 소녀야, 윗입술의 검은 점이
멀어지는 순금(純金)을 떠올려준다

모든 날들이 부서지는 날들이었다

너는 지금도 순점이지
배를 부리는 아비와 외딴집서
너를 낳고 도망간 어미를 기다리지

얼굴이 타서 하얗게
부서지는 파도를 닮은
이빨만 하얗게 해변에 부려놓는 소녀야
아홉 살 열 살 소녀야
올해도 숭어가 무지하게 띈다

싸락눈

 민소매 차림의 여자가 추리닝 바지에 손을 찔러 넣고 있었지 이빨이 달그락거리고 있었지 쪽문을 열고 나갔을 때 여자는 푸른 멍이 든 입술을 달싹거렸지 집에 아무도 없으면 잠깐 들어가 있어도 되겠느냐 모든 현재는 악몽이었다고 말하는 것 같았지 어디서 어떻게 오게 되었는지 모르겠는데 지금은 혹한의 겨울밤이라는 거였지 헐렁한 추리닝 바지 아래 슬리퍼까지 달달 떨리고 있었지 보안등 등에 떨어진 싸락눈이 김을 피워 올리고 있었지

돌아온 나룻배 한 척

저무는 물가에 나룻배 한 척
넓적한 주둥아리를 쳐들고
묶고 떠난 사람 발자국을 따라간다.

펄 밑에 배를 깔고 기다린다.
밤새울 준비를 한다.

밤새 배가
퉁퉁 붇지 않을지 몰라.

양 옆구리에 꽁무니에
얼음이 얼지 않을지 몰라.

나룻배 밑에
그만 한 그림자를 지우려고
잔물결이 나룻배를 밀어 올린다.

향연사* 1

도리깨로 진탕 허리를 두드려 맞아
오른손을 옆구리에 달고 사는 남자

담벼락에 쭈그리고 앉아
허리를 두드리는 남자
감꼭지를 바라보는 남자

그 남자 옆에 벌렁 드러누워
배를 깐 암캐 한 마리
앞 발목을 구부리고 떤다

옆구리에 오른손을 달고
허리를 두드리는 남자
눈초리가 길어진다
도리깨질이 멈추지 않는다

연못 가장자리에 박힌 말뚝들이
해머 자국 꽃을 피운다

얼음에 박힌 돌들이
얼음을 녹인다

내게로 와라
내게로 와서
고인 물을 마셔봐라

* 충청남도 홍성에 있던 절.

거미줄을 쳐 나간다

숨이 막혔다 한꺼번에 터지는 소리
조금씩 길어지고 깊어진다.
불 꺼진 컨테이너 TV 화면이 바뀔 때마다
누군가 잽싸게 푸른 모기장을 바꿔친다.
며칠째 방충망을 기는 말벌이 떠오른다.
잠을 자면서도 피곤하다는 생각이 밀려온다.
보안등 아래 어질러진 포클레인 바퀴자국
어쩌다 여기까지 오게 되었는지
아무리 뒤져도 기억나지 않는다.
벽걸이 선풍기 돌아가는 소리
비틀리는 소리 끊어지지 않는다.
불을 끄면 잠이 오지 않는다.
불을 끄고 자던 시절을
환하게 만드는 한 사람
보안등 불빛이 방충망에 걸러진다.
누군가 몸속에 거미줄을 쳐 넣는다.

퇴촌에서

화단 흙 높이로 심긴 브라운관
떨어진 감꽃을 밀어낸다. 감꽃은
시들기 전에 브라운관을 훑어내린다.
개미 발이 브라운관에서 빨라진다.
집요하게 밖을 내치는 브라운관
무엇이든 축소해 중심축으로 빼내간다.

가느다란 탯줄을 단 어린 감들이
네 개씩 날개를 달고 와서
브라운관 깊이 웃음을 파묻는다.

태양은 점 하나 찍기 위해
브라운관 테두리를 맴돌며
간신히 존재한다.

폭염

 개 한 마리가 골격이 뿌연 건물 둘레를 맴돈다. 반쯤 꺾인 전화 전봇대에 오줌을 지리고 갈라진 콘크리트 바닥을 박박 긁는다. 오줌 줄기가 하수도까지 이어지는 동안, 개는 계속해서 뺑뺑이를 돈다. 오줌 지린 자리에 와 한바탕 바닥을 긁는다. 목사리가 풀렸는데도 개는 건물 둘레를 벗어날 줄 모른다.

 러닝 바람에 개를 끌고 나와 마름모꼴 건물을 돌던 대머리 도인은 납골당으로 간 지 오래, 털북숭이 개가 오후 3시 반을 돌아 5시 근처, 담쟁이넝쿨 무성한 장마 뒤 벤치 앞에 앉아 투명인간이 된 그를 물끄러미 올려다본다. 개의 눈은 보이지 않는다.

동부

앞치마에 따온 풋동부를
마루에 앉아 까는 어머니

몇 달간 술을 끊었다는 아들 말을
좀체 믿으려 들지 않는다.

너를 생각할 때마다
거미를 씹어 먹는 것 같으다.

두 손으로 풋동부를 싸든 어머니
어둡기 전에 밥 안치러
부엌으로 들어가신다.

제3부

하루의 길이

 한밤중에 불광천(佛光川)을 거슬러 오르는 오리들 어미 오리가 불빛이 빠져 날카로운 물결을 다리면서 올라간다. 새끼 오리 세 마리가 그 뒤를 따라 올라간다

 오늘 밤은 잠이 잘 올 것이다

거리

담장 안 살구나무 두 그루
밑동 껍질이 빙 둘러 벗겨진 살구나무 두 그루
느지막이 잎을 틔우고 꽃을 피우고
마지막이 될 열매를 맺은 살구나무 두 그루

담장이 무너질까
껍질을 벗긴 집주인이 찾아와
곧 죽을 거라 말할 때
새순을 피워내던 살구나무 두 그루

곧 담장이 무너질 거라 말하는 살구나무 두 그루
안심하고 자르지 않은 가지 하나만 남은 살구나무 두 그루
오늘은 카펫이 널린 빨랫줄에 당겨 살짝 다가간 살구나무 두 그루

여름의 흐름* 1

땅에 묻힌 항아리 속 유충들
짧고 가는 철사 줄을
쉴 새 없이
구부렸다 펴든다

밤새 맹꽁이가 울던 그곳,
날이 밝아 심한 노린내를 풍긴다

짚가리에 떨어진 땡감이 부글거린다
곯아서 기품을 피운다,
곰팡이 가루를 날린다

* 마루야마 겐지 소설 『여름의 흐름』에서 빌려옴.

여름의 흐름 2
— 죽변(竹邊)*에서

죽청사 앞 자귀나무 꽃이 피었다
급경사 골목길에 주차한
트럭 앞바퀴 담 밑으로
바짝 꺾어 넣었다

맨홀 뚜껑을 열고 들어간
남자들 나오지 않는다
트럭 위에 실린 엔진소리 드높고
검은 호스 하수구 속으로
주먹을 움켜쥐는 힘
바들바들 떨리는 힘
우그려 넣는다

옹벽에 간 금들이 출렁거리며 소리를 잡아먹는다
바닥에 간 금들이 흔들리며 소리를 주워 먹는다

몇 프로 경사를 무시하고 자라는 개망초
노란 점들이 가늘게 떨린다

점집 앞 마른 댓잎들
푸른 등껍질부터 부르트게
빨아 먹는다

* 경상북도 울진군 죽변.

슬로모션

화면은 중간 부분에서 늘어지기 시작했다
이면도로로 접어드는 순간,
벚꽃 잎도 슬로모션으로 떨어지기 시작했다

아스팔트 표면의 아지랑이도
슬로모션으로 피어오르기 시작했다
돌담길 커브를 돌아 나오는
대리석 실린 덤프트럭도
슬로모션으로 다가오기 시작했다

쌍라이트를 켜든 덤프트럭
슬로모션으로 경적을 울려대기 시작했다

갑자기 멈추고
앞뒤로 감기는 비디오테이프
한꺼번에 흩어지는 꽃잎이
어디 있을까
한꺼번에 다가오는 운명이

어디 있을까

슬로모션이 된 머릿속,
생머리를 쥐어뜯으며
소녀들이 울부짖었다

슬로모션이 된 시야,
여인들이 손을 비비며
애원하고 있었다

이제 제발, 내 기억 속에서
이제 제발, 나가줘

욕탕에서

 욕탕에 들어와 욕탕 테두리에 뒷머리를 받치고 있으니
 욕탕에 들어와 욕탕 다음 칸 테두리에 팔꿈치를 받치고 있으니
 미끈거리는 욕탕 바닥에 두 발을 뻗고 꼼지락거리고 있으니

 욕탕 천장에 붙은 물방울들이
 페루의 밤하늘에 뜨는 별인 것만 같은 것이다.

 네가 입던 옷들은 어디 갔느냐.
 네가 신던 신발들은 어디 갔느냐.
 네가 버린 기억들은 어디 갔느냐.

 벌어질 대로 벌어진 입에서는
 네가 알아들을 수 없는 소리만
 계속해서 흘러나온다.

네 배에 세로로 그어진 칼자국은
어디서부터 시작된 것이냐.

사타구니 밑에서 시작된 봉인 선은
어디까지 이어진 것이냐.

가을에 지일에 갔다 1

자전거를 타고
언덕길을 내달리다
핸들스템이 끊어졌다.

떨어진 핸들을 잡고
달리던 속력으로
앞으로 고꾸라졌다.

시멘트 골이 수평으로
사라지는 길을 걸어갔다.
방죽을 따라 피어 있는 억새꽃
풀을 베어낸 길을 걸어갔다.

아는 사람 아무도 없었다.

가을에 지일에 갔다 2

허물어지는 집을 바라보면서
아마 대문은 처음부터 없었겠지
뒤꼍의 모과는
저만큼만 익어 있었겠지

어두컴컴한 수돗가 회벽 거울이
대나무 한 묶음을 토막 내 보여주었다.

토막 난 대나무 사이로 난 샛길
깨진 사기그릇 귀퉁이
서늘한 빛이 어디론가
나를 데려다 주었다.

돌아가고 싶지 않았다.

가을에 지일에 갔다 3

잠자리가 냇물 웅덩이를 차고 지나갔다.
나이테 물결이 퍼져나갔다.
끊임없이 일그러지면서
사라지는 중심을 바라보았다.

거기 처연히 떠 있는 네 모습
내가 마지막으로 쳐다보았다.

거울에 낀 김

앞니가 부러진 흔적
희디흰 신경이 매달렸다
입을 다물 수가 없었다
나무젓가락을 분질러
입술 사이를 벌려놓았다
들숨 날숨이 들락거렸다
거울에 낀 김이 사라지고
소쩍새 울음소리 들려왔다

가을에 지일에 갔다 4

1

쓰러진 국화 화분을 일으켜 세웠다.
수돗가 대야에 담긴
뜨뜻미지근한 물
몇 바가지 끼얹었다.

게으른 뱀이
대숲을 통과해갔다.

네가 없음으로
내가 가진 모든 것들
생기를 잃어가더니
아무런 의미가 없어지더라.

2

서로 만날 수 없는 아까시
두 그루를 잡고
간신히 부풀어 오르는 거미줄.
물을 게위내는 국화 화분.

네가 어디에 있든
어디로 가든*
이제는 잎 떨구고 떨리는,
아까시들을 멈출 수 없으니.

* 언젠가 읽은 외국시 구절을 변용.

가을에 지일에 갔다 5

떠나지 못한 제비들이 살고 있었다.
대나무가지 마디에 부리를 잡힌
제비들이 날고 있었다.

댓잎 날개를 단 제비들이
참대나무 숲에서
자욱이 날고 있었다.

솜이불을 빨랫줄에 걸어놓고
작대기로 휘둘러 쳐서
먼지를 털어내는 소리에도
깜박깜박 놀라는 제비들이
참대나무 숲에서 날고 있었다.

순간순간 빛이 빠져나가
도랑의 물에 발라지는
참대나무 숲에서 제비들이
숨이 막혀 날개를 휘젓고 있었다.

날개만 남은 제비들이
무리를 지어
저녁연기 속을 날고 있었다.

물 높이로 떠 있는

나룻배 가라앉아
갈대들 사이에 파묻혀 있다
뱃속은 물에 잠겨 있다
반쪽으로 갈린 듯
물에 가라앉은 나룻배
물결 따라 이동하는 중심축,
아무리 물을 빨아 먹어도
더러운 물이 되지 않는다
끼워 맞춰진 송판때기들
뚫어지고 벌어져도
물 높이로 떠 있는 나룻배
들어오고 나가는 문을
알 길이 없다

제4부

연둣빛 스커트

낙동강 봄바람
연둣빛 버드나무 가지를 스칩니다

연둣빛 스커트를 입은 그대 모습
연둣빛 스커트를 입는 버드나무
연둣빛 스커트를 쓰는 버드나무

낙동강 강둑 위에
가로줄이 빠진 연둣빛 스커트
세로줄만 남은 연둣빛 스커트

모산도*

찔레꽃이 피었다고 같이 보러 가자고
보챌 사람도 없는데 웃음이 나오는 건
내 마음에 떠 있는 웃음을 흉내 낸 것

왜 부르지 않았냐고
왜 말을 걸지 않았냐고

나를 찾아온 사람들
다들 웃음을 잃고 돌아갔지

뒤가 아름다운 사람을 기억하고 싶었지

* 충청남도 홍성에 있던 섬.

노간주

 관악산 자락 처음 가본 약수터 근처 바위틈에 뿌리를 구겨 넣고 있는 어린 노간주 한 뿌리를 모셔다 춘난(春蘭) 화분에 옮겨 심었는데 어젯밤 꿈속에 그대로 살아 있는 걸 보았습니다 성장을 멈춘 것이었습니다 아니 상상을 멈춘 것이었습니다 그래도 가끔은 물을 주고 베란다 창을 닦아주었으면 좋겠습니다 한자리에 오래 머물면 모든 걸 잊을 수 있겠습니다
 천천히 낯이 익을 만도 한데 이곳은 그곳과 동떨어진 세상이었습니다 물은 조금만 주었으면 좋겠습니다 화분 돌이 목을 축일 만큼만 주었으면 좋겠습니다 노간주 뿌리는 화분 돌 사이에 끼어 무언가 억누르고 있었습니다

향연사 2

민들레꽃을 따 제기차기를 하는 아이들
민들레꽃을 따라 눈알들이 바삐 움직인다

까만 동공 속 어딘가에는
하루 종일 반짝거리며 차오르는
샘물이 있을 것만 같은 것이다
새순이 돋아나는 소리도
잠깐씩 들리는 것만 같은 것이다

참나무 껍질에 옆구리를 긁어대는 수사슴
뿔 그림자에도
부드러운 솜털이 자라는 게 느껴지는 것이다

어디에도 오래는 눈 붙이지 못하는 봄날 오후,
허옇게 드러난 도랑을 건넌 오솔길이 뒤틀리며
돌무더기를 피해 비탈진 야산을 넘어간다

향연사 3

백 년은 묵은 아그배는
백 번은 꽃 피웠을 텐데
어떻게 같은 자리를 피했을까

아그배 밑에
돌을 쌓아올릴 때
사람들은
무슨 소원을 빌었을까

아그배 꽃을 바라보는데
여객기가 떠오른 하늘이 보였다
얇게 숨을 타는 안개
현기증이 일렁거렸다

누구를 위해 소원을
빌어볼 틈도 없었다

젖무덤

풀을 뜯는 어미 염소
젖을 빠는 새끼 염소
젖무덤에 머리를 처박는다.

발길에 차이는 새끼 염소
뿔이 올라오는 새끼 염소
어미 젖무덤을 따라다닌다.

앙가슴을 풀어헤치고
부채 바람을 부치던 노인네
가만히 뒷목을 주물러본다.

낮달을 보러 갔다

냉이꽃 핀 배밭 바닥으로
머리 숙이고 들어가
은박돗자리 깔고
김밥봉지를 푼 적 있는가

실눈을 뜨고
욱여넣는 김밥도
손으로 집어 먹는
물컹한 단무지도
풀 비린내에 버무려
은박돗자리에 태워 보내고

누군가 뼈마디를 주무르는
낮잠에 빠진 적 있는가

구덩이

트럭 문짝은 펼쳐진 채 녹이 슬어
아무래도 닫히지 않았다 마른 흙구덩이 속
왼 앞바퀴가 펑크 나 와장창 기울었다
진흙이었던 흙에 범퍼를 처박은 채
트럭은 고꾸라지고 있었다 돌에 맞아
깨진 앞 유리를 털어내고 부러진 백미러를
끊어버리고 로고를 떨어뜨리고
발한 도색을 떼어내면서 트럭은
흙구덩이에 고개를 처박고
녹을 털어내고 있었다
아주 느긋하게 흙의 아가리에
자신의 무게를 파묻고 있었다

명자꽃

배나무가든 주차장에 핀 명자꽃
제 방에서 사귀는 남자와 자다
오빠에게 들킨 어린 여자가
점심때까지 매를 맞는다

두 손으로 빌기는커녕
고개를 꼿꼿이 쳐들고,
네가 뭔데 나를 때려
네가 뭔데 나를 건드려

눈이 아린 핏빛
네가 뭔데 나를 쳐다봐

얼마나 심하게 토했는지
눈두덩이 휑한 여자
립스틱이 짙은 입에 붙은
끈질긴 침을 끊어내면서
핏발 선 눈을 흘긴다

오이꽃버섯

책상머리에 턱을 괴고 물끄러미
억세진 머위 잎이 덮은 밭둑을
지나가는 산들바람이 군데군데
물결을 만들었다 뒤엎는 것을 보았다

머위 잎이 덮은 비닐하우스
밭둑 아래로 도랑물이 흘러들 갔다
수숫대가 줄지어
간드러지는 꽃을 피웠고
서산을 하염없이 넘보았다

지난밤,
알전구를 밝힌 내 방에
들어오기 위해 애태운 것
근처의 날벌레들뿐이었다

여기 풀벌레 울음이 그치고
매미 울음이 모이는 합장한 무덤 근처,

잔솔 아래 오이꽃버섯이 일어났다

썩지 않을 만큼 비등하게 아팠다

원룸

새벽 2시와 3시 사이
양변기 커버를 잡은 옆방 남자의
구역질이 멈추질 않는다.
양변기 물을 내려도
볼썽사나운 남자의 부화
줄어들지 않는다.

만삭의 배 위에 수박을 걸치고
손깍지를 끼운 여편네가 여름
한낮의 골목길을 걸어가는 장면;
지워지질 않는다.

누구의 애인이었다가 또 누군가의 애인
누구의 아내이기도 했을, 어떤 여편네의 만삭
팔자걸음을 상상해보는 것. 허리의
푹 들어간 부분을 눈여겨보는 것.

얼마간 물이 들어간 압력밥솥 밑에서

지글거리는 소리, 픽, 픽
짤막한 김이
한라산 오름에서 피어오르기도 한다.

자리에 누워 눈을 감으면 촛불이 흔들려
누군가 머릿속에서 철봉을 휘두르는 것 같으다;
오늘도 울먹이는 남자의 목소리가 방을 건넌다.

마지막으로 촛불을 끄자, 촛불의 불씨
마지막으로 심지를 타고 들어가 숨는다.

겨울 무화과

아킬레스건이 끊긴 남자가 있었지
등짝에 올려준 전기장판을 업고 나와
알루미늄 사다리에 널어 말리던 남자
시멘트 마룻바닥에 앉아 바다의 태양
실눈을 뜨고 바라보던 때가 있었지

줄담배 연기가 없는 이파리마다
이 세상 것이 아닌 무늬를 띄워
새기고 있었지

네 생각이 내 생각과 같을 것 같아
망설이던 순간들이 있었지

가장 두려운 얼굴로
마름모꼴 거울에 갇힌
가지 잘린 겨울 무화과를 바라보던
남자의 어깨가 접혀들고 있었지

마르면서 썩어가는 가오리들
혼잣소리를 늘어놓고 있었지

저편의 바다와 태양과 화단의 술병
한동안 밑그림만 그린 적이 있었지

골목 어귀 풀밭을 배회하던 그림자들
공터로 해변의 묘지로 리키다 숲으로
산책을 나가던 시절이 있었지

딸아이가 나간 대문을 바라보던 남자가 있었지
외할머니의 등을 향해 달려 나간 딸아이
새카만 얼굴을 떠올리고 있었지. 단발머리
긴 머리가 되는 걸 바라보던
아킬레스건이 끊긴 남자가 있었지

꼰끌라베*

저 문짝에 난 곡선을 하도 바라봐서
제 기억엔 저 곡선밖에 없는 줄 알았죠
거울에 간 금을 하도 바라봐서 제 얼굴에도
저런 흉터가 있는 줄 알았죠 뜻밖이었죠
너무 오래 아무도 없어서
아무도 오지 않을 거라 믿었죠
저만 놔두고 다들 어디론가 가버린 줄 알았죠

* 자물쇠가 채워진 방

내가 당신 곁을 떠도는 영혼이었듯이

서로의 머리에 삶은 계란을 깨 먹던 시절
우리 곁에서 탱자 꽃들이
깔깔거리며 피어났고
우리도 깔깔거리며
우리의 철길을 걸었다

하늘의 거울에 담겼던 우리
거울의 하늘에 담겼던 우리
웃음이 유일한 호칭이었던 날들
우리는 거기에서
서로의 심장을 해부해 보았다
닮은꼴을 찾기 위해
서로의 실핏줄 하나까지 확인했었다

우리의 등은 납작해진 기숙사 매트리스
빈집의 적요를 안고
수많은 만(灣)들을 누볐다
바닥의 차가움에 정박한 우리

해국(海菊)이 피어난 백사장에 도착한 우리
햇볕이 달군 백사장을 굴러다녔다
갓 피어난 해국(海菊)에게서
잊히지 않는 기억을 선물 받았다

고운 모래를 내뱉으며 깨어난 우리
날은 어둡고 빈틈없이
어둡고 발작은 멈추지 않았다

허망을 오르가슴으로 바꾼 우리
빈집 방 한 칸 지붕이 날아간
빈집 방 한 칸 별들을 불러 모았다
유리가루 버석거리는 소리
흩어지는 입김을 멈출 수 없었다

내가 당신 곁을 떠도는 영혼이었듯이
당신이 내 곁을 떠도는 영혼이었듯이

빙평선(氷平線)이 둘러쳐진 우리 곁에서
하염없이 떨고 있는 믿음 약한 영혼들
우리가 곁이라 믿었던 날들은
수많은 자갈 아래로 꺼져 내렸다

서로의 머리에 계란을 깨 먹던 시절
서로의 구부러진 터널을 빠져나왔다
까마득한 눈빛을 담고 있는 왕복터널
양방향 끝을 유심히 담고 있는 볼록거울

내가 당신 곁을 떠도는 영혼이었듯이
당신이 내 곁을 떠도는 영혼이었듯이

꽃밭을 떠도는 세탁커버가 들려준 말

봉고차 시동을 걸어놓고
낯을 붉히던 남자들
각자의 문으로 내린다

닭갈비를 버무리던 여자가
새끼손가락으로 머리를 긁는다
암캐가 수캐 얼굴을 뜯어본다

운동화 뒤꿈치가 젖은 흙
한 장을 넘기려다 실패한다

여기로는 미래가 도착하지 않을 것이다
너는 오늘부터 시나리오를 쓴다고 한다

어느 날 앨범을 넘기다 기억에 없는 사진
한 장에 막혀 하루를 다 보냈다는 말
요즘 배추들은 스스로 포기를 안는다

네가 웃어 미용실 화분의 조화는
더 진짜 같고, 물집 잡힌 얼굴에는
축소된 우박들이 떠다니는 것이다

씨앗을 보이는 열매

낯을 새운 적이 있는가
언제 마약을 투약한 적이 있는가

달팽이관을 타고 내려가 지옥의
십자가 앞에 버려진 적이 있는가
나에게 심판을 받아본 적이 있는가

어느 봄날,
너는 복화술사가 되어
벌의 날갯짓을 빌려서라도 말할 것이다

너무 먼 길을 돌아온 자
앵두나무가지를 향해
입을 벌린다

결후(結喉)를 들어 올리다
힘겹게 그걸 내려놓는다

투명한 씨앗을 본 적 있는가
그리운 사람 이름을 부르다
막다른 골목에 몰린 적 있는가

자기 이름을 부르다 돌아온 적 있는가

에델바이스

초승달이 설산(雪山) 높이에서
눈보라에 찌그러지면서 헤매는 것,
내가 얼마만큼이라도
너에게 다가가고 있다는 증거다

창문보다 높은 골목길
발자국이 뜸한 새벽녘,
설산 어딘가에 솜털 보송한
네가 있다기에 나는 아직도
붉은 칸 원고지에 소설을 쓰는 거다

너와는 이루어질 수 없는 사랑이라
너와는 이루어지는 소설을 쓰는 거다

곁에 있던 네가 내 안으로 들어와
이룰 수 없는 꿈을 같이 꾸는 거다

|해설|

가정법의 풍경들

이 광 호

　이윤학의 언어 속에서 '폐허'를 만나게 된다는 것은, 그의 시에 대한 오래된 독법 중의 하나였다. 이 독법은 여전히 유효하지만, 이윤학 시의 미학적 개별성은 그런 독법조차 흐려놓을 것이다. 시집 『나를 울렸다』에서 가장 먼저 만나는 것은 '폐허-과거'라기보다는 어떤 소망적인 풍경이다. 소망의 풍경이란 기원과 욕망의 차원이라는 측면에서 가능성의 풍경이지만, 그 간절함의 깊이가 사실은 불가능성에 연유한다는 측면에서 불가능성의 풍경이기도 하다. 나는 그것을 차라리 '가능한 불가능성의 풍경'이라고 부르겠다. 그 풍경은 가정법을 통해서만 언어로 실현될 수밖에 없는 불가능성의 풍경인 동시에, 그 불가능성을 미적으로 실현해내기에 시적 가능성의 최전선이다. 그것은 아직 오지 않은 시간이며, 그러나 이미 흔적처럼 실현된 시간이다. '당신'이 있는 풍경이 아름답거나 결국 처연한 이유 역시 그러할 것이다. "너와 나의 창문 밖"의 풍경이란 그러한 것이 아닐까?

>너와 나의 창문 밖으로
>끝이 없는 메타세쿼이아
>가로수길이 펼쳐져 있으면
>
>메타세쿼이아 가지에선 봄마다
>부드러운 연둣빛 잎이 둥지 속
>갓 태어난 새털처럼 돋아나
>무수히 날개를 달고 날아갔으면
>
>미래가 없는 곳으로도 날아갔으면
>피라미드가 커서 피라미드가 커서
>이 세상과는 상관없이 살아갔으면
>   ―「메타세쿼이아」 전문

"너와 나의 창문"은 현실적인 시야를 보여주는 것이 아니다. 창문은 가정법의 풍경을 보는 프레임이다. 1인칭과 2인칭이 그 시선을 결합시키는 풍경은 "가로수길"의 원근법 풍경을 만들 수 있다. 하지만, 그 원근법은 두 가지 맥락에서 근대적인 시선 너머에 있다. 우선 "너와 나의 창문"은 "가로수길"의 원근법을 가능하게 하는 시선의 고정점이어야 한다. 그러나 "너와 나"는 실체적인 주체라기보다는 시적으로 가정된 복수의 주체이다. 풍경이 가정법이라는 것은, 그 풍경을 구성하는 시선의 주체가 이미 가정법의 세계 속에 있다는 것을 의미한다. 또 하나, 풍경에 대한 소망적인 시선은 풍경에 시간의 차원을 개입시킨다. 이때 소망을 머금은 풍경은 존재하는 풍경이 아니라, 다만 존재하기를 바라는 풍경이다. 따라서 이 시의 "메타세쿼이아/ 가로수길"의 원근법은 가정법적 주체의 징후적 시간을 꺼안고 현실적 시야의 맥락 저편으로 날아간다.

두번째 연에서 봄이라는 계절의 "부드러운 연둣빛"이 "무수히 날개를 달고 날아"가는 소망적 장면들은, 공간이 아니라 시간의 징후적 시야 속에 포함된다. 그런데 그 '시간'이란 무엇인가? '과거-현재-미래'라는 직선적 구조 속에 수렴되는, 그와 같은 맥락에서의 도래하는 '미래'에 속하지는 않는다. "미래가 없는 곳으로도 날아갔으면"이라는 날카로운 문장이 드러내는 것처럼, 이 시의 풍경은 "미래가 없는 곳"으로 날아간다. 미래가 없는 곳은 시간의 필연적 인과관계와 상관없는 그런 세상이다. "이 세상과는 상관없"는 그런 곳일 것이다. 소망적인 풍경이면서, 미래가 없는 풍경을 무엇이라 할 수 있을까? 이윤학 시의 가정법적 풍경은 그렇게 미래라고 부를 수 없는 내면적 징후의 시간을 풍경으로 만든다. 보편적인 의미에서 근대적 풍경이 내면성의 풍경, 시선의 고정점에 서 있는 동일적 주체가 구성하는 풍경이라면, 이윤학의 시는 이러한 방식으로 미래 바깥의 풍경, 세상과 상관없는 풍경으로 만든다.

> 그대의 무덤 옆에는 아니고, 그대의 무덤 앞
> 한 층계 아래 보리수를 심은 이유를 묻는다면
> 이렇게 될 줄은 몰랐다고 말하지 않으리라
>
> 그대가 나에게 전해준 웃음을 떠올리고
> 꽃이 피었을 때 한 번, 열매가 익었을 때
> 한 번 찾아오리라
>
> 네 개씩 날개를 달고 뭉쳐 핀 꽃
> 그대가 웃을 때
> 쪼그만 치아 같다고,
> 깨끗한 피 수혈한 열매,
> 그대가 웃을 때 잇몸 같다고,
> 속으로 웃음을 전해주리라
>
> 그대가 남긴 유일한 연인이 되어
> 보리수 꽃과 열매가 모두
> 웃음에 닿도록 하리라
> 그늘이 될 만한 나뭇가지를 쳐내고

둘레의 억새풀을 뜯어내고
보리수가지 넓이로 쌓아놓은
돌담을 넓혀가리라　　　　　——「보리수」 전문

　보리수는 "그대의 무덤" 앞에 있는 풍경이다. 보리수의 종교적 이미지를 잊어버리고 이 시를 읽어도 좋을 것이다. 이를테면 "그대의 무덤 앞/ 한 층계 아래 보리수를 심은 이유" 역시 그 의미를 확정할 필요는 없을 것이다. 풍경은 개념적인 의미로 환원되지 않는다. 여기서 그 장소에 다시 찾아오리라는 의지 역시 가정법의 세계 속에 속한다. "그대가 웃을 때 잇몸 같다고,/ 속으로 웃음을 전해주리라" "보리수 꽃과 열매가 모두/ 웃음에 닿도록 하리라" "보리수가지 넓이로 쌓아놓은/ 돌담을 넓혀가리라"는, "~ 하리라"의 문법 속에서 모든 시간은 그 시간에 대한 내면적 소망의 장면이 된다. 앞의 시와 비교할 수 있다면, 이 보리수의 풍경 속에는 '나'의 행위와 의지가 더 많이 관여한다고 할 수 있겠다.
　"~ 하리라"의 시간 속에서 '나'는 그 시간을 끌어오는 행위의 주체로서 자리한다. 그런데 그 "~ 하리라"의 주체로서의 '나'는 누구인가? '나'는 하나의 완전한 인격과 행위의 목적을 가진 '나'인가? 이 시에서 하나의 동일적 실존이 있다는 것을 가정하는 것은 어렵지 않다. 하지만 '나'는 가정법의 풍경을 구성하는 주체로서의 '나'일 뿐이며, 현재적인 실재적 풍경을 구성하는 주체로서의 '나'는 없다. 이러한 시적 주체를 무엇이라 해야 할까? 폐허를 추억하는 주체는 이 가정법적 풍경의 주체와 다른가? 풍경이 내면적 기억의 형식이라는 것을 승인한다면, 가정법적 풍경은 기억의 형식이 아니라 내적 소망의 형식일 것이다. 그런데 그 내적 소망이란, 분명하고 구체적인 미래를 향한 소망이라기보다는, 이미 어떤 기억으로 존재하는 상상적 풍경이다.

>올해도 열리지 않은 석류를 상상했지요
>아주 오래전에 심은 것 같으나
>몇 년 지나지 않은 석류나무 주위를 맴돌았지요
>
>어느 해 봄날에
>그대와 내가 심어놓은 석류나무
>꽃 필 무렵엔 오지 못하고
>열매 익을 무렵에 찾아와 주위를 맴돌았지요
>
>콩새가 지저귀던 석류나무가지
>내가 다가가자 콩새는 날아가고
>벌어진 석류 안에
>콩새가 지저귀던 소리
>담겼으리라 믿었지요 ──「석류」 전문

첫 문장은 조금 모호하다. 상상한 것은 "열리지 않는 석류"인가? "(열리지 않는) 석류"인가? 그러니까 그 상상의 대상은 석류의 열리지 않음인가? 석류 자체인가? 이 시적인 모호함은 이 시 전체를 관통한다. 이 시에서 석류는 기억과 상상 사이를 오간다. 석류는 우선 "아주 오래전 심은 것 같으나/ 몇 년 지나지 않은 석류나무"이다. 석류는 상상의 대상이면서 동시에 기억의 대상이다. "어느 해 봄날에/ 그대와 내가 심어놓은 석류나무"는 기억 속의 석류나무이면서, 동시에 '상상적 기억' 속의 석류나무이다. 석류의 기억이란 실체가 있는 기억이라기보다는 미학적으로 선택된 기억이며, 재해석된 창조적인 기억이다. 그리하여 그 기억은 상상된 기억이라고 불러도 된다. 여기서, 기억의 이미지는 가정법적 풍경과 근친의 관계에 놓이게 된다. 이 시의 화자는 "열리지 않은 석류를 상상"했는데, "꽃필 무렵엔 오지 못하고/ 열매 익을 무렵에 찾아와 주위를 맴돌았"다고 말한다. 상상하는 것은 열매의 부재인데, 기억 속에는 열매의 시절이 있다. 상상과 기억은 그 미묘한 어긋남과 결합을 통해 또 다른 미학적인 '풍경의 기억'을 만들어낸다. 그래서 "벌어진 석류 안에/ 콩새가 지저귀던 소리/ 담겼으리라 믿었"던 것은, 기억이면서 그 기억 속의 소망적인 장면이다. 기억하는 것은 실재적인 장면이 아니라, 그 소망적인 풍경이다. 이 시집의 곳곳에서 내밀한 기억은 소망적이고 가정법적인 풍경과 결합되어 있다.

> 어둠이 내릴 때 나는
> 저 커브 길을 펼 수도
> 구부릴 수도 있었지
> 저 커브 길 끝에
> 당신을 담을 수도 있었지
> 커브 길을 들어 올릴 수도
> 낭떠러지로 떨어뜨릴 수도 있었지
> 당신이 내게 오는 길이
> 저 커브 길밖에 없었을 때
> 나는 어디로도 가지 못했지
> 커브 길 밖에서는 언제나
> 푸른 자전거 벨이 울렸지 　　——「푸른 자전거」 전문

"푸른 자전거"는 기억의 영역인가? 상상의 영역인가? 이를테면 "구부릴 수도 있었지"의 시제는 어떤 것인가? 그것은 '구부렸다'와 '구부리고 싶었다' 사이에서 생성되는 어떤 소망적인 시제이다. 이 기억은 단순히 '나'의 기억이 아니라, '당신'이라는 대상을 향하는 기억이기 때문에, '소망적인 것'이 된다. 이를테면, '나'의 기억 속에 '당신'이 들어온다면, '나'의 풍경은 소망적이고 가정법적인 풍경으로 다시 태어난다. 그 풍경은 그래서 실재적이고 사실적인

차원이 아니라, 상상적인 차원에 진입한다. "당신이 내게 오는 길이/ 저 커브길 밖에 없었을 때"라는 과거형의 문장은 변형된 가정법적 풍경이다. "푸른 자전거"는 기억이면서 상상이고, 가정법적인 기억으로 태어나는 상상적 장면의 기호이다. 여기서 "푸른 자전거"의 지시 대상을 찾는 것은 아마 무모할 터. 대신 그 기호가 작동하는 동사적인 장면과 시제에 주목할 수 있을 것이다. 그럴 때, 푸른 자전거는 명사적인 것이 아니라 동사적인 것, '푸른 자전거—하다'의 세계 속에 속한다.

> 초승달이 설산(雪山) 높이에서
> 눈보라에 찌그러지면서 헤매는 것,
> 내가 얼마만큼이라도
> 너에게 다가가고 있다는 증거다
>
> 창문보다 높은 골목길
> 발자국이 뜸한 새벽녘,
> 설산 어딘가에 솜털 보송한
> 네가 있다기에 나는 아직도
> 붉은 칸 원고지에 소설을 쓰는 거다
>
> 너와는 이루어질 수 없는 사랑이라
> 너와는 이루어지는 소설을 쓰는 거다

곁에 있던 네가 내 안으로 들어와
이룰 수 없는 꿈을 같이 꾸는 거다

─「에델바이스」전문

또 다른 소망적인 풍경이 있다. "초승달이 설산(雪山) 높이에서/ 눈보라에 찌그러지면서 헤매는 것"은 "내가 얼마만큼이라도/ 너에게 다가가고 있다는 증거"가 된다. 풍경이 내면의 증거가 되는 것은, '너'라는 대상이 존재하기 때문이다. 물론 그 대상은 이 시에서 '에델바이스'라는 식물이라고 할 수 있지만, 문제는 2인칭 '너'가 개입하는 풍경에서, 풍경은 실재가 아니라 소망적인 장면이 된다는 것이다. 그럴 때, 가정법적 풍경이란 "곁에 있던 네가 내 안으로 들어와/ 이룰 수 없는 꿈을 같이 꾸는" 것이다. 가정법적 풍경은, '너'와 함께 꾸는 꿈이며, "이룰 수 없는 꿈"인 이상 그것은 실현되지 않을 것이다. "이루어질 수 없는 사랑"은 "이루어지는 소설"을 쓰게 하는 이유이다. 불가능성이야말로 글쓰기의 가능성의 진정한 이유이자 조건이다.

1

쓰러진 국화 화분을 일으켜 세웠다.
수돗가 대야에 담긴
뜨뜻미지근한 물

몇 바가지 끼얹었다.

게으른 뱀이
대숲을 통과해갔다.

네가 없음으로
내가 가진 모든 것들
생기를 잃어가더니
아무런 의미가 없어지더라.

   2

서로 만날 수 없는 아까시
두 그루를 잡고
간신히 부풀어 오르는 거미줄.
물을 게워내는 국화 화분.

네가 어디에 있든
어디로 가든
이제는 잎 떨구고 떨리는,
아까시들을 멈출 수 없으니.
        —「가을에 지일에 갔다 4」 전문

풍경은 '너'의 부재를 통해 다시 태어난다. '지일'의 풍경은 "쓰러진 국화 화분"과 "게으른 뱀"과 "간신히 부풀어 오르는 거미줄"들이 있는 풍경이다. 이런 종류의 스산한 풍경은 이윤학의 시에서 익숙한 장면 중의 하나이다. 그 장면은 그러나 '너의 부재'를 통해 다시 태어나는 풍경이다. "네가 없음으로/ 내가 가진 모든 것들/ 생기를 잃어가더니/ 아무런 의미가 없어지더라"라는 고백적 진술은 지일의 구체적인 풍경들로 번역된다. 그리고 '너의 부재'는 그 풍경을 만들고 변화시킨다. "이제는 잎 떨구고 떨리는,/ 아까시들을 멈출 수 없으니"라는 마지막 문장에서, "이제는"이라는 부사가 향하는 것은 '너의 부재'가 만들어낸 풍경의 변화이다. 여기서 "아까시"는 단순히 시선의 대상이 아니라, 움직이는 풍경 자체이다. "아까시들을 멈출 수 없"다고 할 때, 아까시는 이미 동사적인 주체이며, '내'가 그 동사를 멈추는 것은 불가능하다. '너의 부재'가 만들어낸 풍경 속에서 사물은 다만 '내 시선'의 대상으로서의 폐허의 메타포에 한정되지 않는다. 풍경 속의 사물들은 '너의 부재'의 자리로부터 스스로 변화한다. "토막 난 대나무 사이로 난 샛길/ 깨진 사기그릇 귀퉁이/ 서늘한 빛이 어디론가/ 나를 데려다주었다"(「가을에 지일에 갔다 2」)와 같은 문장이 가능한 것도 그러한 이유이다. 폐허의 풍경 속에서 사물들은 스스로 다시 태어나, '나'를 이끈다.

    제법 덩치가 큰 쥐였으리라

사료 한 알 주워 먹으려다 그만,
끈끈이와 한몸이 되었으리라

끈끈이를 뒤집어쓰고
데굴데굴 굴렀으리라
구멍 앞까지 굴렀으리라
구멍 속으로 기어들었으리라

털이 뽑히고 가죽이 늘어나
몸이 헐렁해질 때까지
울음소리 새어 나가지 못하도록
끈끈이로 구멍을 틀어막았으리라

자신의 구멍으로 사라진 쥐들을 떠올렸다
다시는 그 구멍으로 나오지 않은
쥐들의 눈빛을 떠올렸다

어디론가 맞구멍을 뚫고 나갔을
끔찍한 쥐들의 기억을 더듬었다 ──「나를 울렸다」 부분

 끈끈이가 쥐의 사체와 뒤엉켜 쥐구멍을 막고 있는 이미지는 아름답지도 않고, 각별한 시적 의미를 부여받기도 힘들 것이다. 더구나 이 시에는 2인칭 '너'의 존재가 전혀 등

장하지 않는다. 소망적인 풍경은 여기에 등장할 여지가 없으며, 그래서 이미지는 좀더 그로테스크해진다. '너의 부재'가 만드는 풍경이 아니라, '너'라는 존재가 전혀 등장하지 않은 풍경 속에서 이미지는 보다 더 건조해지고, 날것의 누추함을 드러낸다. 이 불편한 이미지에서 이 시의 주체가 만나는 것은 현재의 이미지 자체가 아니라, 그것이 만들어진 사건으로서의 시간이다. 이 누추한 이미지 속에 들어 있는 사건을 추측하고 상상하는 것은, 풍경을 공간적으로 이해하는 것이 아니라, 시간적으로 탐색하는 것이다.

이 시의 후반부의 이미지들은 현재의 장면을 만든 것으로 추측되는 상상적 장면들이다. '~으리라'의 장면들은 현재의 이미지로부터 추측된 상상적 기억이다. 이 시에서 "쥐들의 눈빛을 떠올"리는 그 상상적 기억은 더할 나위 없이 어둡고 쓸쓸하다. 그 "끔찍한 쥐들의 기억을 더듬"는 것은 '나'의 시선과 '쥐의 시간'이 시적으로 만나는 일이다. 여기서 '나를 울렸다'라는 이 시의 제목에서 왜 1인칭 '나'는 '울렸다'라는 동사의 목적어의 위치에 머물러 있는가를 생각해볼 수 있다. 이 상상적 기억의 풍경 속에서 '나'는 그 장면을 장악하는 유일한 초월적 주체가 아니라, 다만 그 기억을 더듬는 존재, 오히려 다른 존재들의 기억을 만나는 존재이며, 그래서 '나'는 '기억하는 자'이며, 동시에 기억 '당하는' 자이다. 이 시집의 제목이기도 한 이 피동태의 문장은 그 풍경의 주인이 다만 '나'일 수 없음을 그렇게

암시한다.

> 죽은 개를 트렁크에 싣고
> 겨울 들판에 나가보았다
>
> 고구마를 캐낸 밭두둑 위에 잔설이
> 고운체로 쳐낸 떡고물을 길쭉하게 뿌려
> 올려놓은 풍경, 오래 묶인 것들은
> 풀린 줄도 모르고, 기가 죽어 곁눈질로
> 자신과 상관없는 풍경을 훑는다
>
> 눈이 시뻘겋게 되어,
> 자신도 어쩌지 못하면서
> 어떤 사람의 광신도가 되어간다
>
> 하루 한 동이 물을
> 혀로 까불러
> 깨진 독에 처넣던
> 개는 짖지 않았다 ─「마른풀」부분

 풍경과 시적 주체와의 관계를 읽는 것이 이윤학 시의 한 독법이 될 수 있다면, 이 시 역시 흥미로운 사례가 될 것이다. "죽은 개를 트렁크에 싣고/ 겨울 들판에 나가보았"

을 때, 그 풍경은 어떠할까? "죽은 개"와 "겨울 들판"이라는 조합은 이미 스산하고 쓸쓸한 풍경일 수밖에 없다. 그 풍경은 우선 "죽은 개를 트렁크에 싣고/ 겨울 들판에 나가"본 자가 본 것이다. 하지만, 그 풍경 속에서 사물들은 단순히 대상이 아니라, 또 다른 주체이다. 풍경을 만드는 것은, '나'의 시선이 아니라, 사물들의 시선이다. "오래 묶인 것들은/ 풀린 줄도 모르고, 기가 죽어 곁눈질로/ 자신과 상관없는 풍경을 훑는다"라는 표현에서, "풍경을 훑는" "오래 묶인 것들"은 시선의 대상이 아니라, 주체이다(물론 이 시의 화자를 이 문장의 주어로 생각하는 독법도 가능하다). 그런데 그 풍경은 "자신과 상관없는 풍경"일 것이다. 사물들은 풍경에 대한 또 다른 시선의 주체이지만, 완전한 주인은 되지 못한다. 다음 연에서 "어떤 사람의 광신도가 되어간다"라는 문장의 주어를 판단하기 어려운 것처럼, 이 시에서 풍경의 주체는 서로 뒤섞여 있다. 「마른 풀」의 풍경은 단 하나의 시선이 만들어낸 풍경이 아닐 것이다.

어느 봄날,
너는 복화술사가 되어
벌의 날갯짓을 빌려서라도 말할 것이다

너무 먼 길을 돌아온 자
앵두나무가지를 향해

입을 벌린다

결후(結喉)를 들어 올리다
힘겹게 그걸 내려놓는다

투명한 씨앗을 본 적 있는가
그리운 사람 이름을 부르다
막다른 골목에 몰린 적 있는가

자기 이름을 부르다 돌아온 적 있는가
—「씨앗을 보이는 열매」 부분

이 시의 독특한 화법은 두 가지 맥락으로 접근할 수 있다. 우선 하나는 '~한 적이 있는가'라는 질문의 반복이다. 이 문장들은 질문이면서, 동시에 하나의 시적 상상이다. 다른 방식으로 말한다면 '상상적 장면이야말로 일종의 질문'이라고 할 수 있다. 그래서 중요한 것은 질문의 내용이나, 내용의 의미가 아닐 것이다. 익명의 대상을 향한 질문들이 상상적 장면을 만드는 과정 자체일 것이다. 이 질문들을 만든 것은 이 시의 화자인가? 이를 테면 "너는 복화술사가 되어/ 벌의 날갯짓을 빌려서라도 말할 것이다"와 같은 문장을 중심으로 말한다면, 그 질문들은 복화술사로서의 '너'의 말, 혹은 "벌의 날갯짓을 빌려" 말하는 '너'

의 말일 수도 있다. 그러나 '너는 말할 것이다'라는 문형에서, '너'가 말하는 것은 아직 실현되지 않은 말이다. 말을 하는 것은 복화술사가 된 '너'일 수도 있고, "너무 먼 길을 돌아온 자"일 수도 있으며, 어쩌면 이 시에서 어떤 인격도 부여받지 못한 익명의 '나'일 수도 있다.

우리는 그동안 이윤학의 시가 폐허의 풍경이라고 말해왔으며, 그것이 어떤 기억의 이미지일 거라고 생각해왔다. 그러나 이윤학의 풍경은 이제, 다만 하나의 내면이 생산하는 추억의 이름으로만 머물지 않는다. 그것은 소망적 이미지들이 만드는 가정법적 풍경으로, '너의 부재'가 만드는 다시 태어나는 풍경으로, 그리고 끝내 '나'를 익명적인 존재로 만들어버리는 그런 풍경의 불가능성으로 나타난다. 이윤학의 시는 그래서 풍경의 불가능성을 기입하는 풍경이다. 이윤학 시의 아름다움은 그 풍경의 실재성이 아니라, 그것의 불가능성으로부터 나온다. '나'는 그 풍경을 규정하는 주인이 아니라, 무한한 수동성의 자리에 머문다. 차라리 풍경은 미래도 근원도 없는 공간이 된다. 그 풍경은, 실제적인 과거도 아니며, 반드시 도래할 미래도 아니다. "미래가 과거가 되는 곳"(「퇴촌」)이다. 미래가 과거가 되는 곳에서, 과거는 실재하지 않고, 미래는 결코 닿을 수 없다. 이윤학의 시는 풍경을 낳는 동시에, 그 풍경을 닿을 수 없는 곳으로 만든다. 그래서 그 풍경 속에는 실재가 없으며, 그 실재를 붙드는 언어도 없다. 그곳에 시인의 전언이 있는 것도 아니며, 풍경의 전언이 있는 것도 아니다. 풍경은 자신의 탄생과 죽음을 가로지르며, 그 불가능성의 지점으로 언어를 데려갈 뿐이다. 그 가능한 불가능성의 풍경, 그 가정법적 풍경이 만들어낸 '부재의 장소'. 그것을 누군가는 시라고 부를 것이다.